MINISTÈRE DE LA GUERRE

INSTRUCTION

SUR

L'EMPLOI ET LA CONDUITE

DU GROUPE CYCLISTE

(Approuvée par le Ministre de la Guerre le 7 août 1913)

PARIS

IMPRIMERIE NATIONALE

1913

INSTRUCTION

SUR

L'EMPLOI ET LA CONDUITE

DU GROUPE CYCLISTE

(Approuvée par le Ministre de la Guerre le 7 août 1913)

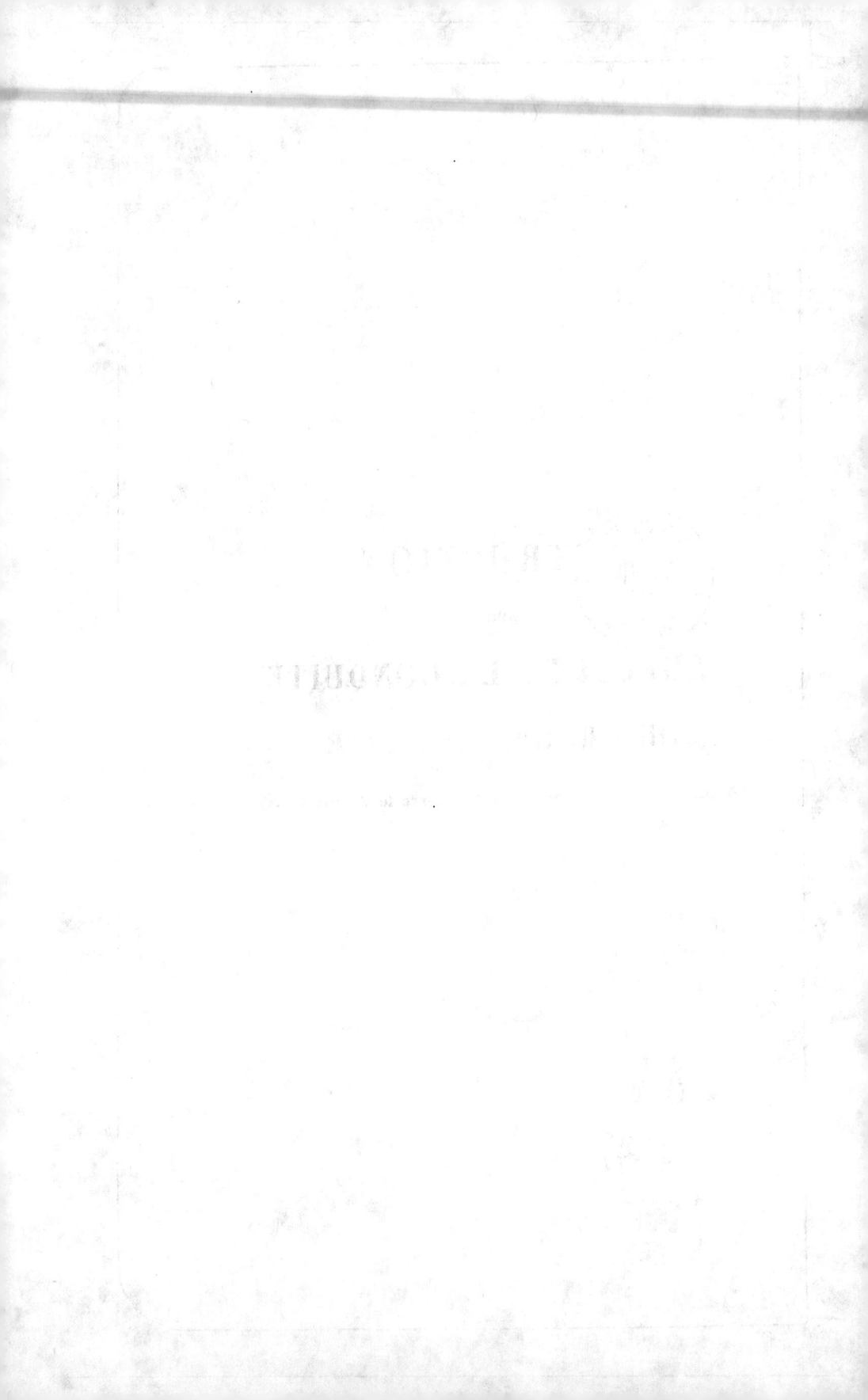

MINISTÈRE DE LA GUERRE

INSTRUCTION

SUR

L'EMPLOI ET LA CONDUITE

DU GROUPE CYCLISTE

(Approuvée par le Ministre de la Guerre le 7 août 1913)

PARIS

IMPRIMERIE NATIONALE

1913

INSTRUCTION

SUR

L'EMPLOI ET LA CONDUITE

DU GROUPE CYCLISTE.

CHAPITRE Ier.

EMPLOI DU GROUPE.

CONSIDÉRATIONS GÉNÉRALES.

L'adjonction de groupes cyclistes aux divisions de cavalerie a pour but d'augmenter la capacité offensive de ces unités.

Troupe d'infanterie articulée en trois pelotons montés sur bicyclettes portatives, le groupe cycliste possède une rapidité de marche et une souplesse de mouvements qui lui permettent d'accompagner constamment la cavalerie et de lui prêter un appui immédiat. Le groupe cycliste diffère donc profondément d'un soutien ordinaire d'infanterie, qui ne peut fournir à la cavalerie qu'une aide intermittente et momentanée.

Le groupe prend à sa charge et mène jusqu'à l'assaut tout ou partie des actions pied à terre de la cavalerie, notamment dans les débouchés de défilés. Il participe par son feu au combat de la division, sans que celle-ci ait à renoncer au bénéfice de la vitesse.
Il assure à la division la possibilité d'attaquer, avec succès, une cavalerie supérieure.
La nuit, grâce à sa marche silencieuse, il est particulièrement apte aux actions de surprise.

Les cyclistes ne sont pas employés au service de reconnaissance. Ils ne peuvent assurer la sécurité de leurs flancs pendant la marche et sont, en principe, amenés à pied d'œuvre sous la protection de la cavalerie. Encadré ou isolé, au combat comme en marche, le groupe doit toujours disposer d'une fraction à cheval désignée d'avance et spécialement affectée à sa sécurité propre.

Le groupe cycliste combat machine au dos, sauf lorsqu'il doit se dérober rapidement, sa mission terminée, ou lorsqu'il a l'occasion d'attaquer par surprise.

Tant que la division est en colonne sur la route, le commandant du groupe et son adjoint marchent avec le commandant de l'avant-garde. Quand la division quitte les chemins, le commandant du groupe marche avec son unité, tandis que son adjoint reste avec le général de division, accompagné d'agents de liaison bien montés.

ARTICLE 1er.

MARCHES.

Le groupe cycliste peut fournir une vitesse moyenne de 12 kilomètres à l'heure; de plus, sa capacité de marche est très supérieure à celle de la cavalerie.

Loin de l'ennemi, le groupe suit le mouvement de la division; il a ainsi toute liberté pour choisir son itinéraire et régler son allure.

Près de l'ennemi, le groupe est ordinairement rattaché à l'avant-garde (dans une marche en retraite à l'arrière-garde) et marche entre l'avant-garde et le gros. Tout en réglant son allure propre d'après les pentes du terrain, il subordonne et lie sa marche à celle de la cavalerie; exceptionnellement, il peut être amené à utiliser sur l'un des flancs un itinéraire plus roulant. Dans la traversée de longs défilés, le groupe cycliste est avantageusement placé à la tête d'avant-garde, pour tenir rapidement les débouchés.

Quand l'avant-garde de la division doit assurer au gros le passage d'un défilé à proximité de l'ennemi, le groupe est employé tout entier à occuper le terrain qui commande la sortie du défilé; il s'installe, à cet effet, dans les points d'appui naturels ou sur les crêtes qui offrent un champ de tir étendu.

La nuit, il précède généralement l'avant-garde et se fractionne en pointe, tête et gros.

ARTICLE 2.

STATIONNEMENT.

En station, le groupe cycliste, dont la tâche est rude pendant le jour, a besoin de repos et de temps pour entretenir son matériel. Il ne doit donc collaborer que pour une faible part au service de sûreté éloignée et à la garde immédiate des cantonnements.

Son rôle est plutôt de constituer une réserve mobile à la disposition du commandant de la division, pour riposter par le choc à la baïonnette aux attaques de nuit.

Par suite, sa place en station est le plus souvent au centre des cantonnements de la division et avec l'artillerie. Dans certains cas, il peut être avantageux de le placer à proximité des voies d'accès probables de l'ennemi ou dans les cantonnements particulièrement exposés à une attaque.

Le groupe doit être prêt, chaque matin, à rompre le premier pour couvrir la mise en marche de la division. Il prend ensuite sa place dans la colonne.

ARTICLE 3.

COMBAT.

Le groupe cycliste combat comme l'infanterie, par le feu, le mouvement et la baïonnette. Capable, grâce à sa vitesse, de produire des effets de surprise et de déborder facilement l'adversaire, il mène son action rapidement en engageant, dès le début, toutes ses forces sur un large front.

Le groupe cycliste à l'avant-garde. — Si l'ennemi barre le chemin à l'avant-garde de la division sur un point de passage obligé, le groupe cycliste constitue l'élément principal de l'attaque.

Pendant que les escadrons de l'avant-garde cherchent à déborder l'obstacle, le groupe l'aborde de front. Son attaque est couverte par la cavalerie, appuyée par les mitrailleuses et éventuellement par le canon.

Le succès obtenu est exploité par des escadrons qui poursuivent l'ennemi, afin de l'empêcher de faire subir plus loin un nouvel arrêt à la division.

Combat contre la cavalerie. — Lorsque la division se porte à la rencontre de forces de cavalerie et entame sa marche d'approche à travers champs, le groupe cycliste, maintenu sur route le plus longtemps possible, continue à lier son mouvement à celui de la division.

Son chef reçoit alors du général l'indication de la direction qui va être suivie par la division et la mission à remplir pendant l'approche et le combat.

Cette mission consiste généralement à amener le groupe, avant l'abordage, à bonne distance de tir des escadrons ennemis et, si possible, sur leur flanc.

Si la soudaineté de l'action ne lui donne pas le temps d'exécuter ce mouvement, le groupe s'efforce d'assurer la sécurité d'un des flancs de la division en interdisant à l'adversaire l'accès de la zone qu'il tient sous son feu.

Pour attaquer une cavalerie ennemie nettement supérieure en nombre, le général de division peut donner au groupe cycliste la mission de maîtriser par le feu une partie des forces ennemies pendant que le gros de la division attaque l'autre partie.

En raison de l'importance du rôle joué dans ce cas par le groupe cycliste, il y a intérêt à lui attribuer la zone du terrain d'attaque qui se prête le mieux à l'emploi intensif du feu.

Pendant la mêlée, le groupe cycliste s'avance hardiment à portée de la ligne de retraite de la cavalerie ennemie, pour tenir sous son feu le terrain où elle pourrait chercher à se rallier et pour achever de la désorganiser.

Si néanmoins la cavalerie ennemie a réussi à se dégager, le groupe cycliste s'efforce de gagner sur ses derrières un point de passage obligé; l'audace et la rapidité sont alors plus que jamais les facteurs essentiels de réussite.

En cas d'échec, le groupe gagne, sur les flancs de la direction suivie par la division en retraite, des positions qui lui permettent d'empêcher, ou tout au moins de gêner par son feu la poursuite de l'ennemi.

Action sur les colonnes de toutes armes. — Lorsque la division de cavalerie est chargée de retarder la marche d'une colonne de toutes armes, le groupe cycliste joue, avec l'artillerie, un rôle très important. Le général de division l'engage de préférence contre la tête de colonne, sur la route qu'elle suit. Le groupe peut ainsi facilement rompre le combat quand il a obligé l'adversaire à se déployer, puis gagner en machine une nouvelle position d'arrêt; la cavalerie couvre les flancs et prolonge le front, s'il y a lieu, avec des unités pied à terre.

ARTICLE 4.

MISSIONS DIVERSES.

Exceptionnellement, le groupe cycliste peut recevoir certaines missions particulières, telles que surprises de nuit, attaques de cantonnements de cavalerie, destructions de voies ferrées; dans ce dernier cas, les sapeurs cyclistes de la division lui sont adjoints.

Ces missions peuvent être lointaines en raison de la grande capacité de marche du groupe, mais elles doivent toujours lui être données à temps, afin qu'il n'ait pas à forcer sa vitesse.

Lorsque plusieurs divisions de cavalerie sont constituées en corps de cavalerie, les groupes cyclistes doivent rester affectés à leur division respective; il n'y a généralement pas intérêt à les réunir.

CHAPITRE II.

INSTRUCTION ET CONDUITE DU GROUPE CYCLISTE.

ARTICLE 1er.

INSTRUCTION INDIVIDUELLE.

Méthode d'instruction. — Le chasseur cycliste reçoit l'instruction normale du fantassin et l'instruction spéciale du cycliste.

L'instruction spéciale du cycliste est conduite progressivement suivant les aptitudes de chaque homme.

L'instruction est donnée individuellement; chaque soldat reste confié à un instructeur tant qu'il n'a pas acquis l'assurance nécessaire pour se conduire seul.

Des classes d'instruction sont ensuite formées; elles travaillent d'abord sur la piste.

Les premières reprises à bicyclette sont toujours de courte durée; elles sont coupées par des repos et des exercices de pliage et de dépliage de la machine.

Le chasseur cycliste est exercé à marcher à pied en portant la bicyclette sur le dos ou en la poussant à la main; on lui apprend aussi à rouler en tenant une machine en main.

Certains hommes sont exercés à rouler en conduisant un cheval en main.

Pendant tout le courant de l'instruction, le chasseur cycliste est progressivement habitué à manœuvrer et à combattre machine au dos.

L'entraînement à bicyclette doit être coupé de pauses à pied; il est conduit de façon que les hommes arrivent à franchir, avec le chargement complet, 60 kilomètres en cinq heures, dont 10 kilomètres couverts en une demi-heure.

Le pliage, le dépliage et le placement de la bicyclette

sur le dos se font conformément aux indications de l'instruction spéciale délivrée aux unités cyclistes.

Maniement de la bicyclette.

Position du cycliste de pied ferme.
GARDE À VOUS.

Le cycliste, dans la position du soldat sans arme, tient sa bicyclette avec la main droite qui serre la poignée gauche du guidon.

Port de la bicyclette à la main.
BICYCLETTE À LA MAIN.

Saisir la bicyclette avec la main droite par le tube supérieur du cadre en arrière du pivot de pliage; placer la main gauche sur la poignée gauche du guidon, soulever la bicyclette.

BICYCLETTE À TERRE.

Poser la bicyclette et reprendre la position du soldat sans arme.

Demi-tour.

Pour le demi-tour,
DEMI-TOUR.

Au premier commandement, saisir la machine par les deux poignées et la dresser verticalement sur la roue arrière.

Au commandement : *Demi-tour,* tourner à gauche sur place en faisant décrire à la machine un demi-cercle sur la roue motrice, faire face en arrière et reprendre la position cycliste de pied ferme.

Manœuvre à bicyclette.

PRÉPAREZ LA PÉDALE.

Amener la pédale droite à dépasser le point mort et reprendre la position du cycliste de pied ferme.

EN SELLE.

Saisir les poignées du guidon avec les deux mains, enfourcher la bicyclette et s'asseoir sur la selle, le pied droit sur la pédale, le pied gauche à terre, le corps droit et la tête directe.

Le cycliste se porte en avant, accélère et ralentit l'allure aux commandements : *En avant*, Marche, Accélérez, Ralentissez. Après avoir ralenti, il se maintient en selle en touchant le sol, s'il y a lieu, avec la pointe des pieds.

Pour arrêter,
Halte.

Au premier commandement, ralentir; au second, s'arrêter en se servant au besoin du frein et rester en selle la pointe des pieds à terre.

Le cycliste met pied à terre au commandement : Pied à terre.

Lorsque le cycliste est instruit, il se met en selle et en marche sans préparer la pédale au commandement : En selle. Au commandement : Halte, il descend de machine par la pédale.

Faisceaux de bicyclettes. — Les faisceaux peuvent être formés par groupes de trois ou de deux au commandement : *Par trois (deux)*, Formez les faisceaux, suivant formation dans laquelle se trouve l'unité cycliste.

Par trois :

L'homme du centre se porte en avant de sa bicyclette qu'il maintient en position par les branches du guidon.

L'homme de droite et celui de gauche placent leurs bicyclettes contre celle de l'homme du centre, en les inclinant à 45 degrés.

Par deux :

L'homme de droite passe à droite de sa bicyclette et lui fait faire demi-tour; les deux hommes inclinent ensuite leurs bicyclettes l'une contre l'autre à 45 degrés.

Les faisceaux de fusils sont formés, s'il y a lieu, en arrière ou sur le flanc des faisceaux de bicyclettes.

L'arme en bandoulière. — La rallonge de bretelle étant adaptée à l'arme, passer l'arme en bandoulière, la rallonge sur l'épaule droite, la crosse à gauche.

Quand l'homme porte sa bicyclette sur le dos, le fusil est tenu soit sur l'épaule droite, soit à la main.

ARTICLE 2.

INSTRUCTION DU GROUPE.

Formations du groupe cycliste. — Le groupe se compose de trois pelotons.

Les formations du groupe sont : la ligne de colonnes,

la colonne de sections, la ligne déployée, la masse, la colonne de route.

Les intervalles et les distances qui séparent les pelotons
sont de dix pas, à moins d'indication contraire.

Le capitaine commandant se tient habituellement devant
le chef du peloton de tête ou devant celui du peloton de
direction.

Le capitaine en second à côté et à gauche du capitaine
commandant ou à la place qui lui est assignée.

Le sergent-major, le sergent-fourrier, le caporal mécani-
cien et l'infirmier à la gauche ou en queue du groupe.

Les clairons, à la droite ou à la gauche, en tête ou en
queue à dix pas, suivant les indications du capitaine commandant.

Le peloton se compose de trois sections (1).

Les formations du peloton sont : la colonne par trois,
la colonne de sections, la ligne de sections par trois, la
ligne déployée.

Les distances et les intervalles entre les sections sont de
dix pas à moins d'indication contraire.

Les chefs de section se tiennent à trois pas en avant de
la file de base ou de la file de tête de leur section.

Le chef de peloton se tient à trois pas en avant du chef
de la section de base ou de tête.

En ligne ou en colonne, les sergents sont à la gauche ou
en queue de leur section.

La section se compose de trois escouades.

La section, en ligne sur un rang, est numérotée par
groupes de six; sur deux rangs, les numéros 4, 5 et 6
forment le second rang en arrière des numéros 1, 2 et 3.

Le second rang est à trois pas du premier.

Dans les formations de rassemblement, les deux rangs
peuvent serrer à deux pas.

Le front occupé par chaque homme dans le rang est de
un pas.

---

(1) L'encadrement du peloton sur le pied de paix est le suivant :

1 lieutenant, chef de peloton.

1re SECTION.

1 lieutenant, chef de section.
1 sergent.
3 caporaux.

2e SECTION.

1 adjudant-chef, chef de section.
1 sergent.
3 caporaux.

3e SECTION.

1 adjudant, chef de section.
2 sergents.
2 caporaux.

En colonne, la formation normale est la colonne par trois.

La colonne peut aussi être formée par deux et par un.

Dans la colonne par deux, les hommes de chaque groupe de six se suivent dans l'ordre suivant :

$$2 - 1$$
$$3 - 4$$
$$6 - 5$$

Dans la colonne par un, ils se suivent dans l'ordre de leur numéro.

Pour rompre en colonne, on commande :

Par trois (deux, un), MARCHE, ou : *A droite (gauche) par trois (deux, un)*, MARCHE.

Mouvements de la section, du peloton et du groupe. — La section, le peloton et le groupe cycliste exécutent au commandement de leur chef et dans les formations qui leur sont propres tous les mouvements prescrits dans le règlement sur les manœuvres de l'infanterie.

ARTICLE 3.

CONDUITE DU GROUPE.

L'infanterie cycliste est l'auxiliaire de la cavalerie. Pour lier son action à celle de la division, le groupe doit être dressé à manœuvrer avec souplesse et rapidité. Son chef le conduit par les procédés les plus simples, en faisant largement appel à l'initiative des chefs de peloton.

Vigoureux cavalier, très entraîné à bicyclette, le capitaine commandant doit posséder une instruction tactique développée et faire preuve en toutes circonstances de beaucoup de décision et de l'initiative la plus audacieuse.

Les cadres subordonnés, d'une vigueur physique éprouvée, doivent être aptes à saisir rapidement les situations et à agir sans hésiter; une connaissance approfondie des procédés de combat de la cavalerie leur est indispensable.

Marches. — L'ordre et la cohésion d'une unité cycliste, en marche à bicyclette dépendent essentiellement du guide de la troupe.

Le guide de tête est toujours un officier à bicyclette: doit veiller attentivement à la régularité de son allure, ne l'accélérer ou ne la ralentir que suivant une juste progression, variable avec le terrain et l'effectif de la troupe

Les pentes rapides, même quand le groupe marche avec

la division, ne sont montées en machines que si les circonstances l'exigent.

L'unité de marche d'un groupe cycliste est la section.

Les officiers et les gradés veillent à ce que le côté gauche de la route reste libre.

Les hommes et les mécaniciens obligés de s'arrêter pour réparer sortent aussitôt de la route. La réparation effectuée, ils rejoignent la queue du groupe et ne reprennent leur rang qu'au premier arrêt.

Sur une route ordinaire, en pays moyennement accidenté, la vitesse de marche d'un groupe cycliste est de 12 kilomètres à l'heure, haltes comprises, pendant le jour; elle diminue sensiblement pendant la nuit.

Cette moyenne est peu influencée par la pluie; par contre, elle peut tomber à 8 kilomètres avec un fort vent contraire.

Dans des conditions normales, l'allure de 20 kilomètres à l'heure peut être soutenue pendant une demi-heure; l'allure de 15 à 16 kilomètres peut être conservée pendant deux heures.

La longueur moyenne d'une étape à bicyclette, à la vitesse normale de 12 kilomètres à l'heure, est de 60 kilomètres, correspondant à cinq heures de marche.

Elle peut aller jusqu'à 100, exceptionnellement 120 kilomètres, correspondant à une marche de douze à quatorze heures.

Stationnement. — Le groupe cycliste n'est pas en général employé au service de sûreté en station de la division; il doit cependant être en mesure de fournir des postes éloignés et de garder les issues des cantonnements.

Quand sa troupe est placée au centre des cantonnements de la division, le chef de groupe doit reconnaître lui-même, ou au moins faire reconnaître par ses officiers, les accès des cantonnements voisins où il peut être appelé à opérer la nuit.

Au cantonnement, les pelotons sont autant que possible groupés; il est avantageux de leur réserver des hangars pour réunir et abriter les machines.

L'entrée au cantonnement se fait d'ordinaire à pied, au pas cadencé; la circulation à bicyclette dans le cantonnement est interdite.

Combat. — Les principes généraux de combat du groupe cycliste son exposés au chapitre Ier.

Lorsque le groupe cycliste doit s'engager à l'avant-garde de la division, le capitaine commandant, ayan reçu sa mission, indique à son adjoint le lieu où le groupe doit se

rassembler et plier ses machines; il fait sa reconnaissance
et revient auprès de son unité pour donner ses ordres; il
met alors pied à terre.

Pour assurer à la division la possession d'un débouché,
le groupe occupe instantanément les points d'appui qui
commandent ce débouché et les crêtes qui offrent un bon
champ de tir. Le feu est ouvert sur l'initiative des chefs de
pelotons.

Quand la division de cavalerie entame sa marche d'approche à travers champs, le commandant du groupe,
après avoir reçu sa mission, choisit son itinéraire et l'indique à ses chefs de peloton et à son adjoint; celui-ci,
accompagné de quelques gradés et cavaliers, rejoint le général de division, pour assurer la liaison; il s'attache, en
particulier, à tenir le capitaine commandant au courant
des changements de direction de la division ou des modifi-
cations importantes de la situation. Le capitaine commandant met son groupe en marche, éclairé par le ou les pelotons mis à sa disposition; lui-même marche avec la
pointe d'avant-garde.

Aussitôt qu'il arrive à proximité de l'adversaire, le capitaine recherche les emplacements d'où le groupe peut ou-
vrir le feu sur l'ennemi. S'il s'agit d'un combat de cavalerie,
les machines sont laissées le plus souvent sur le chemin,
à la garde de quelques hommes; les pelotons se portent
aussi rapidement que possible sur la position désignée par
le capitaine. Celui-ci indique les objectifs et fixe l'ouver-
ture du feu.

A ce moment, le groupe est le plus souvent isolé. Il ap-
partient à son chef de prendre toutes dispositions néces-
saires pour éclairer et couvrir ses flancs.

L'action du groupe cycliste pendant la mêlée de cavalerie, son rôle pendant la poursuite et son emploi en cas
de retraite sont spécifiés au chapitre 1er.

Dans le combat de la division contre les troupes de
toutes armes et lorsque le groupe cycliste a dû quitter la
route, il combat machine au dos, comme une troupe d'infanterie ordinaire.

Les qualités de l'infanterie cycliste, rapidité et silence
de marche, capacité de mouvement, la rendent particulièrement apte aux surprises de nuit. — L'obscurité diminue dans une large mesure l'insécurité habituelle de ses
flancs. Dans ce cas, le groupe cherche au prix d'un détour
à aborder l'adversaire dans une direction inattendue; l'action est menée à fond et rapidement.

ARTICLE 4.

SIGNAUX.

Les unités cyclistes emploient les signaux prescrits pour les manœuvres de l'infanterie, complétés par les suivants :

EN SELLE : *répéter le geste* EN AVANT.

PIED À TERRE : *répéter le geste* HALTE.

ARTICLE 5.

REVUES ET DÉFILÉS.

Le groupe cycliste défile à bicyclette ou bicyclette au dos.

Les formations de défilé à bicyclette, analogues à celles de l'infanterie, sont :

La colonne de sections sur un rang ou sur deux rangs ouverts à trois pas et la colonne de pelotons en ligne de sections par trois.

Les formations de défilé, bicyclette au dos, sont les mêmes que pour les autres troupes d'infanterie.

Les officiers à bicyclette saluent en portant la main droite au képi.

APPROUVÉ :

Paris, le 7 août 1913.

Le Ministre de la Guerre,

EUG. ÉTIENNE.

www.ingramcontent.com/pod-product-compliance
Lightning Source LLC
Chambersburg PA
CBHW060729280326
41933CB00013B/2586